SAVOIR CUISINER CRÉOLE

# Le Petit Livre d'or des épices



ORPHIE

# Sommaire

## TABLE DES MATIÈRES

## Les Mélanges épicés



## Les Recettes épicées

# Les épices

*Troc d'étoffe contre des épices aux Moluques.*

Ce petit guide présente, de manière succincte, une trentaine de plantes dont les productions (fruits, graines, écorces, feuilles, fleurs ou tubercules) sont largement utilisées à travers le monde comme condiments alimentaires sous le nom d'épices. Ces plantes appartiennent à des familles botaniques très variées et ont des origines diverses. Un grand nombre provient cependant des régions tropicales de l'Asie, comme le clou de girofle, la cannelle, le poivre, la muscade… Le Nouveau Monde est le berceau des piments, de la vanille et du poivre de la Jamaïque, tandis que le Bassin méditerranéen fournit de nombreuses graines aromatiques, telles la coriandre, la moutarde… L'importance économique de ces épices est loin d'être négligeable, elles sont parfois un des éléments essentiels des exportations de certains pays tropicaux, comme par exemple la vanille à Madagascar qui est le pilier de ses ressources à l'export. Les épices ont même influencé le cours de l'histoire par la recherche incessante de nouvelles routes maritimes, les épices étant le stimulant financier des plus grandes explorations ; notamment après la chute de Constantinople, visant à rétablir par voie de mer la route des épices, soit en contournant l'Afrique, soit en recherchant une route maritime vers l'ouest, ce qui d'ailleurs conduisit à la découverte de l'Amérique. Véritable richesse végétale pour les pays producteurs, elles ont eu longtemps une très grande valeur marchande, au même titre que l'or. Les nations se sont affrontées, déchirées et battues pour le monopole des épices. Denrées de luxe en raison de leur prix élevé, les épices – avant d'être utilisées dans la cuisine – servaient dans l'Antiquité à préparer toutes sortes de remèdes, des onguents et des parfums.

Les Romains ont été les premiers à introduire un large éventail d'épices dans leur cuisine, ces dernières aromatisaient bon nombre de mets. L'empire islamique se les appropriera plus tard, les cuisiniers en useront pour marier les saveurs douces et aigres, aromatiques et piquantes. En Europe, leur usage dans la cuisine n'est arrivé que tardivement, à la fin du XIVe siècle, et ces épices resteront jusqu'à la fin du XVIIe siècle un signe extérieur de richesse. Leur prix se démocratisant, les épices très prisées en pâtisserie accompagneront ensuite de nombreuses préparations culinaires. Aujourd'hui, elles font partie de notre vie quotidienne, leurs lieux éloignés de production n'étant plus une barrière à leur consommation. Fraîches, déshydratées, moulues ou en grains, naturelles ou mélangées à vous de choisir.

*Différentes variétés d'épices... en vrac.*

# Les épices

*Cueillette du pouré aux Indes* (d'après le Livre des Merveilles).

## Le commerce des épices

Vous découvrirez dans ce guide les principales épices cultivées ou utilisées sous les tropiques, la plupart étant originaires de ces régions chaudes et d'autres d'origine européenne. Les États-Unis sont les principaux importateurs d'épices, suivent ensuite l'Allemagne, le Japon et la France. En 1986, près de 350 000 tonnes d'épices diverses ont été exportées, représentant un chiffre d'affaires d'un milliard de dollars américains. Le poivre est l'épice la plus échangée, tant en volume qu'en valeur. Les piments occupent la deuxième place. La cardamome tient aussi une place importante, notamment dans les importations du Moyen-Orient et en Afrique du Nord, où elle est utilisée pour parfumer le café. Les tubercules, tels le gingembre et le curcuma, se vendent également en grande quantité, de nombreux pays les importent. Le safran, la cardamome et la vanille restent les épices les plus chères au monde. L'Inde est le plus gros exportateur d'épices, tandis que Singapour est le plus vaste entrepôt, notamment pour le poivre, la cannelle, la vanille, le clou de girofle, l'anis, la coriandre et le cumin. L'Indonésie, le Brésil, Madagascar et la Malaisie exportent également de grandes quantités, 80 % du volume total des exportations proviennent des pays en voie de développement.

*Épices au marché.*

# Les Épices

# L'Anis

**Nom botanique :** *Pimpinella anisum*
*(famille des Ombellifères)*
**Noms communs :** *Anise (anglais)*
*Anis (espagnol et allemand)*

Originaire du Moyen-Orient et des îles de la Méditerranée orientale, l'anis est aujourd'hui cultivé presque partout dans le monde. Les principaux pays producteurs sont cependant la France, l'Allemagne, l'Inde et la Turquie. L'anis est une plante annuelle de moins d'un mètre de hauteur, à petites fleurs blanches disposées en ombelle, si caractéristiques de cette famille botanique. Les fleurs donneront des petits fruits secs, duveteux et de couleur gris vert. Les plantes sont arrachées entièrement, avant même la maturité complète des fruits. Une fois sèches, elles sont battues afin de récolter la multitude de petites graines. Ces dernières termineront leur séchage à l'ombre.

Ces graines aromatiques comptent parmi les plus anciennes épices connues. L'anis a un goût prononcé de réglisse et est légèrement sucré. En Europe, il parfume les gâteaux et les friandises, tandis qu'en Orient et en Inde il aromatise certains plats, notamment les soupes et les ragoûts. L'huile essentielle, appelée huile d'anis, entre dans la fabrication des liqueurs, telles l'anisette et le pastis français, le raki turc ou encore l'arguardiente sud-américaine. Durant des siècles, l'anis a été considéré comme une épice salutaire, facilitant la digestion, rafraîchissant l'haleine… C'est aussi un expectorant doux, on l'utilise encore aujourd'hui pour faire des tisanes calmantes et des bonbons antitussifs. Enfin, en Inde, l'eau d'anis sert d'eau de toilette.

*L'anis aromatise aussi bien les gâteaux que les soupes ou ragoûts.*

# L'Anis étoilé

***Nom botanique :*** *Illicium anisatum (famille des Magnoliacées)*
***Nom commun :*** *Badiane*

Le badianier nous vient de la Chine et du Vietnam, il est encore aujourd'hui peu répandu en dehors de sa région d'origine. C'est un arbuste apparenté au magnolia, il peut atteindre 8 mètres de hauteur. Des petites fleurs jaunâtres ou rosées naissent des fruits en forme d'étoiles composées de 8 à 12 branches. Chacune de ces dernières contient une petite graine brune, friable. Récoltés encore verts, avant leur complète maturité, les fruits sont ensuite mis à sécher au soleil. Ces étoiles deviennent dures, de couleur brun rougeâtre. Très aromatiques, elles sont utilisées entières ou cassées. Le parfum de cette épice est similaire à celui de l'anis ou encore du fenouil, son goût est cependant plus piquant, et légèrement plus sucré.

L'anis étoilé est l'une des rares épices à être utilisées dans la cuisine chinoise, il parfume la volaille et le porc, et entre dans la composition d'un mélange d'épice, le « cinq-épices ». Au Vietnam, il est incorporé à une soupe au bœuf. En décoction, cette épice calme les douleurs intestinales, elle facilite la digestion et combat les pertes d'appétit. Mâchée, elle purifie l'haleine tout comme le véritable anis. L'huile essentielle tirée de l'anis étoilé est utilisée en confiserie, et entre dans la composition de savon, de parfums, de médicaments et de boissons alcoolisées. Enfin, en Sibérie, la badiane est considérée comme une plante magique : la fumée que dégagent les graines grillées accroît les pouvoirs psychiques !

# La Baie rose

***Nom botanique :*** *Schinus terebinthifolius (famille des Anacardiacées)*
***Noms communs :*** *Poivre rose - Faux poivrier - Encens*

Originaire d'Amérique tropicale, le faux poivrier est un arbuste buissonnant pouvant atteindre 6 mètres de hauteur. Son nom spécifique, *terebinthifolius*, indique la ressemblance des feuilles avec celles du térébinthe (arbre duquel on extrait la térébenthine). Le faux poivrier produit des grappes de petites baies pelliculées rouge vif, à pulpe sucrée. À la différence du poivre, l'arôme de la baie rose est plus aromatique (légèrement anisé) que piquant.
Cette épice est d'utilisation nouvelle dans la gastronomie, elle est essentiellement importée en Europe et aux États-Unis depuis l'île de La Réunion. Les baies sont lyophilisées ou confites au vinaigre. Mélangées aux autres poivres (vert, noir et blanc), les baies roses accommodent le poisson et diverses viandes. Il convient de les consommer avec modération car elles peuvent procurer des irritations gastro-intestinales à très forte dose.
Le bois de l'arbre est par contre très apprécié pour ses qualités (compact, dur, de couleur jaune virant au rouge avec de petites tâches plus foncées), on en fait des meubles de luxe au Brésil. Enfin, l'écorce donne une teinture et sert au tannage.

Mélangées aux autres poivres (vert, noir et blanc), les baies roses sont très décoratives.

# Le Caloupilé

***Nom botanique :*** *Murraya koenegii*
*(famille des Rutacées)*
***Noms communs :*** *Cari poullé (mauricien) - Feuille de curry - Cari pata (indien)*

Le caloupilé est originaire d'Asie Tropicale. Son nom générique, *Murraya*, évoque J.-A. Murray qui édita au XVIIIe siècle le *Linnaeus Systema vegetabilium*. Les feuilles luisantes et vert foncé de cet arbuste ont une odeur très particulière lorsqu'on les froisse : fétide et piquante. Ces feuilles sont utilisées fraîches ou desséchées, principalement dans la cuisine indienne. Elles sont souvent qualifiées d'épice du pauvre et sont le complément indispensable de certaines préparations indiennes, tel l'opuma (plat à base de semoule salée). Cette épice est fréquemment utilisée dans la cuisine mauricienne et réunionnaise, elle accompagne notamment le fameux cabri massalé réunionnais. Le caloupilé est aussi utilisé en médecine traditionnelle. En infusion, ses feuilles feraient baisser la tension ; écrasées avec du son de riz, elles lutteraient également contre les coliques.

# Les Cannelles

***Nom botanique :*** *Cinnamomum zeilanicum et Cinnamomum cassia (famille des Lauracées)*
***Noms communs :*** *Cannelle-casse - Cassia (anglais) - Canela (espagnol) - Kanel (allemand)*

Ces deux espèces de cannelier se reconnaissent assez facilement grâce à leurs feuilles. Le cannelier de Ceylan (*C. zeilanicum*) a des feuilles plus larges que le cannelier-casse. Froissées, ses feuilles ont également une odeur particulière, proche du clou de girofle. Curieusement, seules l'écorce et la queue de la feuille ont une odeur de cannelle. Les feuilles de l'autre espèce originaire de Chine (cannelier-casse, *C. cassia*) sont quant à elles entièrement aromatisées. Seule l'écorce de ces deux arbres est véritablement utilisée, elle est décollée pendant la saison des pluies tropicales et mise à sécher à l'ombre. En culture intensive, le cannelier de Ceylan est régulièrement rabattu à la base afin de favoriser son drageonnement. Agées de 2 ans, ces nouvelles pousses seront coupées, décortiquées et séchées. En séchant, les bords de l'écorce se recourbent, elle se présente alors sous forme de petit tube.
Dans de nombreux pays, l'écorce de ces deux canneliers est vendue sans distinction. Malgré leur ressemblance, la cannelle fournie par le cannelier-casse est plus grossière et de goût moins délicat que celle fournie par le cannelier de Ceylan. Le lieu d'origine de la production peut être une bonne indication pour acheter la meilleure cannelle. Préférez celle produite au Sri Lanka ou encore aux Seychelles plutôt que celle produite en Chine. Le bâtonnet du cannelier-casse est aussi plus épais et légèrement plus grisâtre que celui du cannelier de Ceylan. Mais la « vraie cannelle » est surtout plus odorante, son arôme est doux, délicat mais intense ; tandis que la saveur du cannelier-casse est légèrement amère et astringente et a un parfum plus piquant. Les bâtonnets de ces deux cannelles peuvent être moulus, la poudre obtenue grâce au cannelier-casse est légèrement plus rouge que celle de sa concurrente.

Les utilisations culinaires de ces cannelles sont très nombreuses. En Chine, le cannelier-casse parfume différents plats et entre dans la composition du « cinq-épices ». Cette même cannelle aromatise les caris et les pilafs en Inde, parfume le chocolat en Allemagne et en Russie. Enfin, les boutons floraux séchés permettent de préparer des infusions au parfum doux et musqué. La « vrai cannelle » parfume quant à elle les tajines de moutons au Maroc et le riz en Iran. En Europe, elle améliore les compotes de fruits, les desserts, les gâteaux, le pain d'épice et certaines boissons. Distillées les feuilles de cannelier fournissent une huile essentielle, renfermant 70 % d'eugénol (presque autant que le clou de girofle). Les utilisations de cette huile sont donc nombreuses, aussi bien en industrie agroalimentaire qu'en médecine. Elle soigne en particulier les rhumes et les états grippaux.

*Préférez la cannelle du Sri Lanka ou des Seychelles qui est particulièrement parfumée.*

# Le Clou de girofle

***Nom botanique :*** *Syzygium aromaticum*
*(famille des Myrtacées)*
***Noms communs :*** *Clove (anglais)*
*Clavo (espagnol)*
*Gewürznelken (allemand)*

Le giroflier, très convoité dans le passé, est probablement originaire de plusieurs petites îles des Moluques. Les Portugais ont conservé le monopole de la production jusqu'en 1605, année de la prise de contrôle des Moluques par les Hollandais. Ces derniers ont perpétué ce monopole jusqu'en 1770, date à laquelle un botaniste français, Pierre Poivre, fit sortir frauduleusement quelques jeunes arbres des Moluques. Il les acclimata sur l'île Maurice et à La Réunion, avant de les disperser sur les différentes îles de l'océan Indien, et notamment à Madagascar. Le giroflier est un arbre tropical à feuillage persistant, pouvant atteindre 15 mètres de hauteur. Les fleurs apparaissent à l'extrémité des rameaux plusieurs mois avant leur épanouissement. Elles sont d'ailleurs cueillies avant leur ouverture et mises à sécher au soleil plusieurs jours. Elles perdent les deux tiers de leur poids durant ce séchage et acquièrent une couleur brun foncé, caractéristique des fameux clous de girofle.
Le giroflier est cultivé dans de nombreux pays, l'Indonésie, Zanzibar et Madagascar sont cependant les plus gros producteurs de clous de girofle mais aussi d'huile essentielle. Celle-ci est très riche en eugénol qui sert à préparer la vanilline artificielle. L'huile essentielle sert également en pharmacie pour la préparation de divers médicaments – elle est réputée antiseptique et analgésique –, en parfumerie, en savonnerie et pour la préparation de peinture et vernis.

# Le Clou de girofle

L'arôme du clou de girofle est pénétrant, chaud et riche. Son goût est piquant et amer. Il est incorporé dans de nombreux plats à travers le monde et apporte ce goût si caractéristique. Enfin, il entre dans la fabrication des cigarettes indonésiennes qui sont composées de deux tiers de tabac et d'un tiers de clou de girofle.

Il peut être mâché pour prévenir les infections dentaires et améliorer l'haleine.

# Le Combava

***Nom botanique :*** *Citrus hystrix*
*(famille des Rutacées)*
***Noms communs :*** *Lime sauvage*
*Makrut lime Lime kaffir*

Le combava est natif des îles de la Sonde. Il est peu répandu dans le monde et essentiellement distribué d'Asie du Sud-Est à la Nouvelle-Calédonie. Le combava est un petit arbre épineux à port assez érigé. Les feuilles possèdent un pétiole caractéristique car très largement ailé. Le fruit piriforme est resserré au sommet formant un mamelon, la base est arrondie. La peau du fruit, de couleur verte, est épaisse et bosselée. La pulpe verdâtre est très acide et amère. À maturité, les fruits se colorent en jaune mais on les récolte verts lorsque leur concentration en huiles essentielles est maximale. Les feuilles dégagent un arôme évoquant celui de la verveine et de la citronnelle. Le zeste des fruits et celui des feuilles sont utilisés comme condiment pour la cuisine, et parfument subtilement une sauce accompagnant un poisson ou une volaille. Ce même zeste est parfois utilisé en parfumerie.

Photo : F. Le Bellec

# La Coriandre

***Nom botanique :*** *Coriandrum sativum*
*(famille des Ombellifères)*
***Noms communs :*** *Coriander (anglais)*
*Cilantro (espagnol)*
*Koriander (allemand)*

D'origine méditerranéenne, la coriandre est aujourd'hui cultivée partout dans le monde. Les premières utilisations culinaires et médicinales de cette plante remontent à des millénaires, elles sont notamment citées dans de vieux écrits (papyrus d'Ebers) datant de 1550 avant J.-C. La coriandre est une plante annuelle atteignant 1 mètre de haut. Ses fleurs, disposées en ombelle, sont petites, de couleur blanche ou rose. Les graines sont presque rondes. Elles sont cueillies et mises à sécher lorsque leur couleur vire au brun ocre, elles sont alors mûres. Récoltées avant ce stade, elles dégagent une odeur fétide. La saveur est douce, légèrement brûlante, avec un arrière-goût de zeste d'orange. Le parfum est épicé, frais et poivré. Les graines de coriandre sont largement employées dans l'alimentation, par exemple comme composantes de la poudre de curry de l'Inde. La coriandre aromatise les saucisses et les ragoûts au Moyen-Orient, les saumures et les pâtisseries en Europe et les légumes en Grèce. L'huile essentielle permet des préparations pharmaceutiques, destinées notamment à combattre la migraine et les indigestions.

# La Cardamome

***Nom botanique :*** *Elettaria cardamomum (famille des Zingibéracées)*
***Noms communs :*** *Cardamom (anglais)*
*Cardamomo (espagnol)*
*Kardamom (allemand)*

Après le safran et la vanille, la cardamome est l'épice la plus chère. Elle est baptisée reine des épices en Inde, d'où elle est originaire. C'est une grande herbe vivace, tropicale, pourvue d'un rhizome comme son cousin le gingembre. Contrairement à ce dernier, ses racines tubéreuses ne sont pas aromatiques. L'épice est représentée par ses petites graines, contenues dans une capsule. Les fruits sont récoltés avant d'arriver à maturité, sinon les capsules s'ouvrent et libèrent ainsi les graines. Ils sont ensuite mis à sécher au soleil, les capsules renfermant 12 à 20 graines deviennent alors dures, les meilleures seront de couleur verdâtre.
La cardamome est cultivée à grande échelle au Guatemala, en Tanzanie, au Vietnam, en Inde et au Sri Lanka. Leurs principaux clients sont l'Arabie Saoudite, la Suède et la Finlande, ils se partagent, à eux trois, près de la moitié de la consommation mondiale. Il existe de nombreuses espèces ou variétés fournissant des graines au goût similaire, mais la véritable cardamome est connue sous le nom de cardamome de Malabar ou de Ceylan. En Inde, seules les capsules entières ont une véritable valeur marchande, elles sont de couleur verdâtre, blanche lorsqu'elles ont été blanchies au dioxyde de soufre ou de couleur paille lorsque les fruits mûrs ont séché au soleil. Les graines ont une odeur aromatique, de saveur piquante et légèrement âpre. Ce goût subsiste longtemps lorsque l'on mâche les graines. Celles-ci contiennent également une huile essentielle, utilisée en parfumerie et dans les liqueurs.
Les utilisations de la cardamome sont nombreuses et chaque pays a sa spécialité. En Allemagne, elle accompagne la charcuterie ; en France, elle communique arôme et goût au pain

d'épice; elle est le principal ingrédient du garam massala et des poudres de curry en Inde; dans les pays arabes, elle parfume le café; enfin, en Scandinavie, elle aromatise le pain et les pâtisseries.

# Le Cumin

***Nom botanique :*** *Cuminum cyminum*
*(famille des Ombellifères)*
***Noms communs :*** *Cumin (anglais)*
*Comino (espagnol)*
*Kreuzkümmel (allemand)*

Le cumin est cultivé dans de nombreux pays, aussi le rencontre-t-on en Afrique du Nord, en Asie Mineure, en Inde, en Indonésie, en Chine, en Amérique… C'est une plante annuelle tropicale ne dépassant pas 30 cm de hauteur. Des petites fleurs blanches disposées en bouquet naissent de petits fruits secs brun jaunâtre. La plante est coupée et battue lorsque les fruits jaunissent. Ils sont ensuite séchés au soleil. Selon la variété et le degré de maturité des fruits avant le séchage, le cumin a différentes couleurs : brun clair, verdâtre, grisâtre ou encore noire. Le cumin est souvent associé au carvi (*Carum carvi*), une autre épice à laquelle il est apparenté. Ce dernier est cultivé essentiellement en Europe et souvent appelé cumin des prés.

Le goût de ces deux épices est peu différent, leur saveur poivrée a notamment été appréciée de tout temps dans les boissons alcoolisées. L'arôme prononcé et légèrement âcre du cumin parfume une multitude de plats nationaux, notamment en Inde, en Afrique du Nord, au Moyen Orient et en Amérique. Il parfume aussi les salades, les hors-d'œuvre, les merguez, le couscous… et relève le goût du chili con carne du Texas. Le cumin a également des vertus médicinales, il est utilisé en Inde contre les indigestions et les maux de ventre.

Le cumin relève le goût du chili con carne au Texas.

# Le Curcuma

***Nom botanique :*** *Curcuma domestica*
*(famille des Zingibéracées)*
***Noms communs :*** *Safran indien*
*Turmeric (anglais)*
*Curcuma (espagnol)*
*Kurkuma (allemand)*

Le curcuma est originaire de l'Inde et de la Malaisie, il est aujourd'hui cultivé à grande échelle dans quelque pays notamment l'Inde, l'Indonésie, la Chine, le Bangladesh, l'Amérique du Sud et les Caraïbes. Cousin du gingembre, c'est une plante tropicale vivace à rhizome. Cette racine tubéreuse est déterrée soigneusement, bouillie et mise à sécher au soleil durant une semaine. Une fois débarrassée de sa peau, elle est ensuite polie. Elle acquiert alors une belle couleur jaune orangé. Réduite en poudre, sa couleur intense se confond avec celle du safran. Le curcuma est d'ailleurs parfois utilisé comme substitut de ce dernier, et son synonyme, safran indien, prend alors toute son importance.

Légèrement aromatique, le curcuma a une saveur musquée et poivrée. Son goût est piquant, amer et astringent. La poudre est utilisée dans la nourriture et les boissons, mais aussi comme teinture. Elle est le composant essentiel de la poudre de curry. Elle parfume de nombreux plats en Asie du Sud ; accompagne en Inde les haricots et les lentilles ; et colore en Occident de nombreux plats et moutarde aromatisée. En Asie et en Europe, le curcuma entre dans la fabrication de cosmétiques. La médecine orientale le considère comme un ingrédient très précieux. Il est réputé stimulant, et soigne les troubles hépatiques. Dans les îles du Pacifique, on lui attribue même des propriétés magiques.

Légèrement aromatique, le curcuma a une saveur musquée et poivrée.

Photo : F. Le Bellec

# Le Fenouil

***Nom botanique :*** *Foeniculum vulgare*
*(Famille des Ombellifères)*
***Noms communs :*** *Fennel (anglais)*
*Hinojo (espagnol)*
*Fenchel (allemand)*

Le fenouil est originaire de l'Europe méridionale et de l'Asie Mineure. Cette plante a été très présente dans l'histoire, elle est par exemple le symbole de la victoire et du succès chez les Grecs en 490 av. J.-C., en Europe elle protège aussi de la sorcellerie et aurait permis pendant près de 1 500 ans de lutter contre les troubles de la vue. Le fenouil est une grande plante vivace, mesurant jusqu'à 2 mètres de haut. Les tiges sont coupées avant que les graines ne parviennent à maturité. En séchant, ces graines prennent une couleur brun ocre et mesurent moins d'un demi-centimètre, elles acquièrent alors un arôme et un goût anisé.
Le fenouil est aujourd'hui produit en Allemagne, en France, en Italie, au Moyen-Orient et en Inde. Ces pays le cultivent pour ses graines mais aussi pour son bulbe, si apprécié comme légume. Les graines de fenouil servent à assaisonner principalement les plats de poissons, le pain, la pâtisserie, la confiserie et certaines soupes. Le fenouil aurait enfin de nombreuses vertus médicinales, ses graines seraient utilisées contre les problèmes respiratoires, elles calmeraient aussi les maux de dents et d'estomac.

Le fenouil était le symbole de la victoire chez les Grecs.

# Le Fenugrec

***Nom botanique :*** *Trigonella Foenumgraecum*
*(famille des Papilionacées)*
***Noms communs :*** *Trigonelle*
*Fenugreek (anglais)*
*Alholva (espagnol)*

Originaire du Proche-Orient, du Sud-Est de l'Europe, de la Chine et de l'Inde, le fenugrec était autrefois appelé foin grec, car il était considéré en Grèce comme une vulgaire plante, du foin. Il est ensuite devenu populaire dans l'Antiquité, en tant qu'épice, herbe médicinale et d'assaisonnement. Le fenugrec est une plante vivace, de 60 cm de haut. Ses graines sont contenues dans des gousses qui peuvent en compter une vingtaine. Une fois récoltées, ces gousses sont mises à sécher puis battues pour qu'elles libèrent leurs graines. Cette plante est aujourd'hui cultivée de façon plus ou moins intensive dans de nombreux pays, notamment en France, au Maroc, en Argentine, en Inde, en Tunisie...

L'arôme du fenugrec est puissant, similaire à celui du céleri. Crues, les graines ont un goût amer et astringent ; elles sont généralement grillées pour atténuer cette saveur désagréable. Le fenugrec entre dans la composition de la plupart des poudres de curry, des pickles et des chutneys. Cette épice est peu utilisée en Occident, elle aromatise par contre de nombreux plats indiens. En Égypte et en Éthiopie, elle est incorporée au pain, et entre dans la composition de plats nationaux. Les graines et les jeunes feuilles sont parfois mangées en salade, c'est une bonne source de vitamines et de minéraux.

# Les Galangas

***Nom botanique :*** *Languas galanga et*
*L. officinarum (famille des Zingibéracées)*
***Noms communs :*** *Grand galanga et Petit galanga*

Deux espèces distinctes de galanga existent, elles se différencient par la grandeur de la plante et par la grosseur de leur rhizome : le petit et le grand galanga. Originaires respectivement d'Indonésie et de Chine, ces épices de la famille du gingembre ne sont guère connues et cultivées uniquement dans leurs aires originelles. Les rhizomes sont déterrés, nettoyés et séchés au soleil, de la même manière que les racines tubéreuses du curcuma ou du gingembre. L'arôme du petit galanga est piquant avec un léger parfum d'eucalyptus ; sa saveur est aussi piquante, se rapprochant de celle du gingembre ; tandis que la saveur du grand galanga l'est moins. Le parfum de ce dernier est un subtil mélange de gingembre et de poivre. Les galangas parfument différents plats en Asie. En Scandinavie et en Russie, ils sont incorporés à quelques liqueurs et bières. En Asie, ils soigneraient différents maux, notamment les indigestions et les problèmes respiratoires.

# Le Gingembre

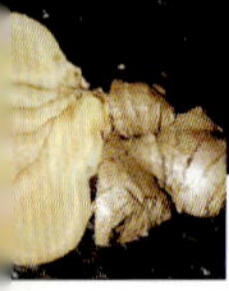

***Nom botanique :*** *Zingiber officinale*
*(famille des Zingibéracées)*
***Noms communs :*** *Ginger (anglais)*
*Jengibre (espagnol)*
*Ingwer (allemand)*

Le gingembre est cultivé en Asie tropicale depuis plus de 3 000 ans, il est d'ailleurs originaire des forêts tropicales de l'Asie du Sud-Est. C'est l'une des toutes premières épices orientales à avoir atteint l'Europe. Le gingembre est la tige souterraine, ou rhizome charnu, d'une grande plante tropicale pouvant atteindre 1 mètre de hauteur. Cette plante croît particulièrement bien dans des endroits partiellement ombragés et humides. Les rhizomes sont récoltés quelques mois après la plantation. Ils sont lavés puis mis à sécher un ou deux jours, avant d'être consommés frais. Ils peuvent aussi être confits, ils auront alors macéré successivement dans une saumure, puis dans de l'eau avant d'être bouillis dans de l'eau puis du sirop. Son arôme est chaud et boisé ; sa saveur est piquante et légèrement caustique.

Le gingembre est cultivé dans presque tous les pays tropicaux du monde, l'Inde en est cependant le premier producteur. Sa cuisine épicée compte d'ailleurs de nombreuses préparations qui incorporent le gingembre. Ce dernier entre notamment dans la préparation de la poudre de curry, épice composée accompagnant les poissons, les volailles et d'autres viandes. Le gingembre peut être utilisé indifféremment frais ou sec. Il parfume les pâtisseries – surtout chez les Anglais –, les préparations aigres-douces, le vin, le thé et autrefois la bière. Ses vertus médicinales sont nombreuses. Le gingembre a des effets heureux sur l'appareil digestif, en améliorant la digestion. En Inde, il est utilisé en cataplasme pour combattre les maux de tête et les rhumatismes. En infusion avec du thé, il active la circulation sanguine et lutte efficacement contre les rhumes. Enfin, le gingembre confit atténue le mal de mer.

Le gingembre est aujourd'hui cultivé dans presque tous les pays tropicaux.

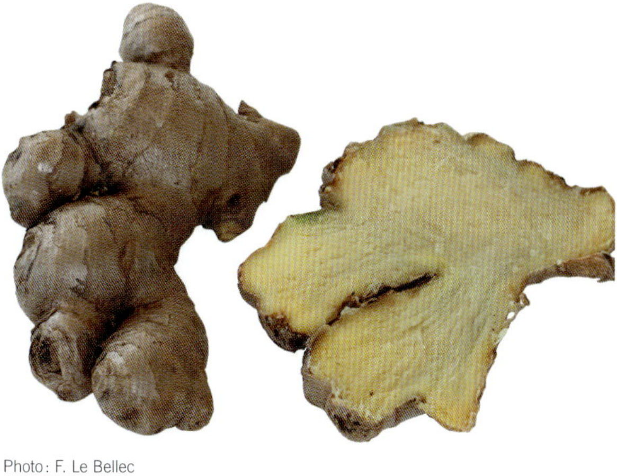

Photo : F. Le Bellec

# Le Laurier

***Nom botanique :*** *Laurus nobilis*
*(famille des Lauracées)*
***Noms communs :*** *Laurel (anglais et espagnol)*
*Lorbeer (allemand)*

Le laurier est originaire d'Asie Mineure. La couronne de feuilles de laurier qui fut consacrée à Apollon est depuis des lustres symbole de victoire, de triomphe et de distinction : on couronnait les athlètes des jeux olympiques, les chanteurs d'opéra en Grande-Bretagne, certains savants et même la tête de César ! Le laurier est aujourd'hui cultivé en Italie, en Espagne, au Portugal, en Grèce, en Turquie, en Extrême Orient… Cependant, seule l'Italie du Nord en exporte véritablement.

Le laurier est un grand arbre, toujours vert, pouvant mesurer 20 mètres de haut. Ses feuilles sont cueillies manuellement tôt le matin, elles sont ensuite mises à sécher à plat et légèrement pressées pour éviter qu'elles ondulent. Les feuilles et les baies renferment des huiles essentielles leur donnant un arôme amer et épicé à la fois. Ce dernier est peu relevé mais si particulier qu'il se rend indispensable.

Le laurier est utilisé de bien des façons et accompagne de nombreux plats typiques, telles la bouillabaisse ou les marinades de viandes braisées. La feuille entière de laurier est aussi un des composants essentiels du bouquet garni qui mijote dans tant de bouillons, sauces ou soupes. Autrefois, on attribuait au laurier des vertus médicinales, il permettait notamment de traiter les troubles gastriques et les affections des reins et de la peau.

Élément indispensable dans le bouquet garni, le laurier accompagne aussi la bouillabaisse ou les marinades.

# Les Moutardes

***Nom botanique :*** *Sinapsis alba, Brassica nigra et B. juncea (famille des Crucifères)*
***Noms communs :*** *Moutarde blanche, noire et brune*
*Mustard (anglais)*
*Mostaza (espagnol)*
*Senf (allemand)*

Ces trois espèces de moutardes ont des origines diverses. La noire nous vient d'Europe du Sud et des régions tempérées de l'Asie, la brune d'Inde. Tandis que la blanche, originaire du Bassin méditerranéen, est depuis longtemps acclimatée et cultivée dans presque toutes les régions tempérées. Le terme vient du latin *mustum ardens*, traduisible par « moût brûlant ».

Ce sont des plantes vivaces, à petites fleurs jaunâtres. Les fruits sont contenus dans des gousses. Ces dernières sont cueillies à maturité, mais avant qu'elles n'éclatent. Séchées, ces gousses sont battues pour qu'elles libèrent leurs graines. Les graines de moutarde brune sont amères et piquantes ; les blanches sont sucrées et peu piquantes ; tandis que les noires ont un parfum puissant et piquant.

Avant que les différentes graines de moutarde ne développent leur saveur, elles auront dû être écrasées et délayées dans un peu d'eau. Ainsi, une réaction chimique s'opère entre deux substances contenues dans les graines de moutarde – la sinalbine et la myrosine – et l'huile de moutarde sera prête à l'emploi après quelques minutes. Sa saveur sera alors aigre et plus ou moins piquante. Le processus peut être retardé ou stoppé par un additif acide, tel le vinaigre ou le citron. Les moutardes prêtes à l'emploi achetées dans le commerce contiennent évidemment ces additifs.

Toutes sortes de moutardes préparées existent : moutarde à l'ancienne (graines entières ou légèrement pilées) ; moutarde lisse, de Dijon, anglaise... (graines moulues) ; moutarde aux herbes (graines moulues et aromatisées d'herbes) ; moutarde du Beaujolais (graines grossièrement broyées avec du vin rouge) ; moutarde rouge (graines entières avec du piment)... Ces mélanges accompagnent et relèvent le goût de bon nombre d'aliments : viandes, poissons, frites... En médecine traditionnelle, la moutarde est réputée vomitive, diurétique et stimulante. L'huile essentielle de moutarde est quant à elle caustique.

# La Noix de Muscade

*Nom botanique : Myrstica fragans*
*(famille des Myristicacées)*
*Noms communs : Nutmeg (anglais)*
*Nuez moscada (espagnol)*
*Muskatnuss (allemand)*

Le muscadier est originaire des Moluques, il fournit deux épices bien distinctes : la noix de muscade et le macis. À la fin du Moyen Âge, la muscade était l'épice orientale la plus prisée, mais aussi la plus chère en Europe. Un demi-kilo de muscade coûtait autant que trois moutons ou une vache ! En 1512, les Portugais prennent possession des îles de l'archipel des Moluques. Par la suite, les Hollandais, les Anglais et les Espagnols s'allient ou se combattent pour la propriété de cet archipel, qui permet notamment d'établir un monopole sur ces épices, tels le clou de girofle et la noix de muscade. Aujourd'hui, le muscadier est principalement exploité en Indonésie, dans l'île de Grenade et aux Antilles.

C'est un arbre tropical à croissance lente, qui ne portera ses fruits qu'à la septième année. Il est dioïque, ce qui signifie qu'il y a des arbres mâles et des arbres femelles bien distincts, les deux étant bien entendu nécessaires pour s'assurer d'une fructification. Le fruit du muscadier ressemble à une grosse prune jaunâtre, avec des petites tâches vertes et rouges. Lorsqu'il est mûr, il éclate et laisse apparaître un noyau entouré d'un arille rouge, le macis ou fleur de muscade. Ce macis est détaché du noyau et mis à sécher au soleil pendant une ou deux semaines. Le noyau doit quant à lui sécher plus longtemps, jusqu'à ce que la noix prisonnière ballotte quand on secoue ce noyau. Ce dernier sera enfin brisé, pour libérer la fameuse et précieuse noix de muscade. Celle-ci est d'excellente qualité lorsque, piquée à l'aide d'une aiguille, une minuscule goutte huileuse s'écoule.

Les noix et macis de muscade ont un arôme riche et chaud, de saveur très aromatique et légèrement sucrée. Cette épice, râpée au fur et à mesure des besoins – car la poudre perd rapidement son parfum – est très largement utilisée pour parfumer les plats salés ou sucrés. La médecine traditionnelle orientale accorde beaucoup de place à la noix et à ses vertus, censée soulager les affections des bronches, les rhumatismes et les flatulences. Consommée à forte dose, elle provoque des hallucinations, et en excès elle peut se révéler fatale. Enfin, les noix et macis de muscade sont utilisés en parfumerie, notamment pour fabriquer des savons et du shampooing.

Photo : F. Le Bellec

# Le Paprika

***Nom botanique :*** *Capsicum annuum*
*(famille des Solanacées)*
***Noms communs :*** *Piment doux,*
*Paprika (anglais, allemand)*
*Pimenton (espagnol)*

Le paprika est classé par les botanistes parmi les piments, à juste titre d'ailleurs car c'est un piment doux. Sous ce nom botanique sont regroupées également toutes les variétés de poivron : les fruits sont plus volumineux, à saveur douce et utilisés comme légume. Le paprika est l'une des rares épices originaires du continent américain. C'est une plante herbacée annuelle, de petite taille. Les fruits sont pendants ou dressés, de forme très variable et de couleur jaune, rouge, noire ou pourpre. La saveur est douce ou forte, mais moins brûlante que celle du vrai piment (voir plus loin).
Le parfum du paprika, doux et chaud à la fois, s'est forgé grâce au climat tempéré et aux sols sablonneux des plaines hongroises. La Hongrie est sans conteste le pays du paprika. Le goulasch, plat national hongrois, ne saurait d'ailleurs pas se concevoir sans paprika. La cueillette du paprika a lieu en octobre, juste avant les premières gelées qu'il craint. Les fruits sont ensuite séchés dans de gros filets, ou enfilés un à un, formant ainsi un long chapelet. Une fois sec, le paprika peut être moulu pour devenir cette poudre rouge très odorante et colorante utilisée en cuisine. Elle est d'excellente qualité quand elle est fine, de coloration homogène et de couleur brillante. Plus une poudre de paprika est jaune, plus son goût sera fort ; plus elle est rouge moins il le sera.
Le paprika se consomme également frais, incorporé dans la soupe ou en fines tranches dans une salade. Même sec le paprika est très riche en vitamine C, surtout s'il a été séché de façon traditionnelle, au soleil.

Le paprika est l'élément essentiel du goulasch, plat traditionnel hongrois.

# Les Piments

***Nom botanique :*** *Capsicum frutescens (famille des Solanacées)*
***Noms communs :*** *Chili (anglais), Pimiento (espagnol) Cayennepfeller (allemand)*

Les piments se présentent sous une grande variété de formes, de tailles, de couleurs et de saveurs, plus ou moins fortes et piquantes. On les qualifie de piments enragés, piments explosifs... Le piment vrai est la seule des épices traditionnelles originaire du Nouveau Monde. Son habitat originel serait les Antilles et le Brésil. Il est aujourd'hui répandu dans le monde entier, surtout tropical. Les climats chauds et secs influencent la saveur du piment. Plus l'intensité solaire est grande, plus cette saveur sera forte. La concentration en capsaïsine – le principe piquant du piment – peut alors atteindre 2 % dans certains piments, alors que cette même concentration est de 0,01 % dans les poivrons.
L'Inde a longtemps été le plus gros producteur de piment ; aujourd'hui le Mexique, la Chine, le Japon, l'Indonésie et la Thaïlande se joignent à ce pays et exportent vers les États-Unis, la Malaisie et le Sri Lanka.
Le piment est un petit arbuste, pouvant atteindre 1,50 m de hauteur. Les fruits sont dressés, petits, oblongs et de couleur rouge foncé. Ces piments peuvent être récoltés avant la maturité complète, ils sont alors de couleur verte. Cueillis mûrs, ils peuvent être séchés au soleil et réduits en poudre ; cette dernière permet de confectionner différentes sauces ou mélanges épicés, tels la poudre de chili, le tabasco... Présents dans la cuisine traditionnelle de nombreux pays tropicaux, les piments relèvent la saveur du riz en Inde, en Asie, aux Antilles et à La Réunion, des haricots et du maïs au Mexique et du manioc en Amérique du Sud. Ils sont également mélangés aux poudres de curry, aux saumures et à différentes sauces. L'industrie extrait de l'huile essentielle des piments qu'elle utilise pour la confection de boissons. Enfin, les piments sont réputés toniques, car riches en vitamine C, ils faciliteraient également la digestion des féculents.

Piments séchés

Piments thaïlandais

Piment
de Cayenne

Piment cabri

Piments`
végétariens

iment zoiseau

Piments
bonda man jaques

'iment en poudre

Piment chapeau

Piment cerise

Piment la pâte

# Le Poivre

***Nom botanique :*** *Piper nigrum (famille des Piperaceae)*
***Noms communs :*** *Pepper (anglais),*
*Pimienta (espagnol)*
*Pfeffer (allemand)*

Originaire d'Inde, le poivre jouissait autrefois d'une telle estime qu'il était parfois échangé contre de l'or. Le poivre a fait office durant des siècles de devise commerciale, tant en Orient qu'en Occident. Le poivre est le fruit d'une liane, à feuillage persistant. S'accrochant sur un tuteur, elle peut atteindre 10 mètres de hauteur, sa culture est souvent associée aux plantations de caféier et de cacaoyer. Des fleurs jaune verdâtre disposées en épi – il peut y avoir 150 fleurs par épi – naissent des fruits de couleur verte, puis jaune et enfin rouge à maturité. Après quelques jours de fermentation et de séchage au soleil de ces baies encore vertes, on obtient le poivre en grain, qui peut être noir et ridé ou blanc. Ce dernier est devenu blanc parce que sa peau lui a été retirée. Le poivre vert provient également de la même plante, cependant les grains immatures ont été, juste après la cueillette, conservés par congélation, en saumure ou encore dans du vinaigre. Il existe d'autres sortes de poivre, qualifiées notamment de poivre long et de poivre à queue. Ces derniers sont les fruits d'espèces apparentées au poivre : *Piper longum* et *Piper cubeba*. Les principaux pays producteurs de poivre sont la Malaisie, l'Inde, le Brésil et Madagascar.
Le poivre long pousse quant à lui sur les versants de l'Himalaya jusqu'en Inde du Sud. Tandis que le poivre à queue est cultivé à grande échelle en Indonésie et au Sri Lanka. Boisé, frais, piquant et agréablement aromatique, le poivre relève traditionnellement le goût de tous les aliments salés. La saveur du poivre blanc est plus piquante mais moins subtile que celle du poivre noir. Le poivre vert est peu brûlant mais plus frais. L'arôme du poivre long est proche de celui du poivre noir avec cependant une légère note sucrée. Tandis que la saveur du poivre à queue est aromatique et légèrement amère.

L'arôme du poivre s'évaporant rapidement, il est conseillé (si ça n'est déjà fait !) de moudre les grains au fur et à mesure des besoins. Le poivre a de nombreuses vertus médicinales, on lui attribue notamment des propriétés digestives, diurétiques et antiseptiques.

Photo : F. Le Bellec

# Le Poivre de la Jamaïque

***Nom botanique :*** *Pimenta dioïca*
*(famille des Myrtacées)*
***Noms communs :*** *Piment de la Jamaïque*
*Toute épice - Quatre épices*

Le piment ou poivre de la Jamaïque est originaire des Antilles et d'Amérique centrale et du Sud. Cette épice a été introduite en Europe par Christophe Colomb qui l'avait confondue avec le poivre, d'où son nom poivre de la Jamaïque. Le commerce de cette baie est établi depuis longtemps à la Jamaïque – avant même la colonisation du pays par les Anglais (1665) –, c'est d'ailleurs une de leurs principales richesses. Cette épice est encore aujourd'hui l'une des rares à n'être produite que dans le Nouveau Monde, cela proviendrait de sa difficile acclimatation à d'autres contrées. L'arbre peut atteindre 10 mètres de haut, son tronc est élancé et perd à chaque saison sa fine écorce vert pâle. Cette espèce est dioïque, ce qui signifie qu'il y a des arbres mâles et des arbres femelles bien distincts, les deux étant bien entendu nécessaires pour s'assurer d'une fructification. Les fruits, de petites baies rondes ressemblant au poivre, sont récoltés avant maturité sinon ils perdent leur arôme. Ils sont séchés au soleil ou dans un four, ils acquièrent alors un arôme et une saveur agréablement piquante, évoquant un mélange de poivre, clou de girofle, de cannelle et de noix de muscade : les « quatre-épices » de son autre nom. Les fruits et les feuilles contiennent en quantité une huile essentielle, l'eugénol (celle présente également dans le clou de girofle).

Très utilisée chez les Aztèques pour parfumer le chocolat, cette épice est aujourd'hui peu usitée dans la cuisine. Elle épice néanmoins les Ketchups, les saumures, les saucisses et les viandes en conserves. Les feuilles sont parfois utilisées, notamment dans la cuisine réunionnaise et antillaise, elles parfument agréablement et délicatement les sauces et courts-bouillons. En médecine traditionnelle, l'infusion de ces feuilles soulage les troubles intestinaux et facilite la digestion.

# Le Safran

***Nom botanique :*** *Crocus sativus* (famille des Iridacées)
***Noms communs :*** Saffron (anglais)
Azafrán (espagnol)
Safran (allemand)

L'origine de cette plante n'est pas précisément connue, elle proviendrait peut-être des steppes d'Asie Mineure, entre la mer Égée et l'Iran. Si les crocus de nos jardins fleurissent au printemps, le safran ne s'épanouit qu'au début de l'automne. C'est un bulbe vivace qui prospère dans les endroits ensoleillés. Chaque bulbe peut donner 2 fleurs par an, elles sont de couleur violette. Les fleurs sont ramassées tôt le matin, avant qu'il ne fasse trop chaud. Il faudra ensuite toute la journée – et beaucoup de patience – pour prélever manuellement, et un par un, les trois minuscules stigmates de chaque fleur (150 000 fleurs sont nécessaires pour obtenir un kilo de safran). Ce procédé laborieux explique en partie pourquoi cette épice est la plus chère du monde. Le safran est aujourd'hui cultivé dans de nombreux pays, l'Espagne, la Grèce, la France, la Turquie, le Maroc, l'Iran et le Cachemire sont les principaux producteurs. Celui produit dans la Manche et en Espagne est considéré comme le meilleur.
Cultivé depuis la nuit des temps, le safran était surtout apprécié pour ses vertus médicinales supposées. Il serait un remède diurétique et digestif en Inde ou encore un excellent aphrodisiaque en Chine. Les Égyptiens et les Romains l'utilisaient quant à eux comme épice, teinture, parfum et médicament. De nos jours, le safran est plus que jamais utilisé. Son arôme est tenace et caractéristique. Son goût est pénétrant et aromatique. Une petite quantité de safran ajouté aux sauces, soupes et autres mets, suffit pour colorer et parfumer un plat copieux. Il est incorporé dans de nombreux plats traditionnels, comme la zarzuela et la paella en Espagne, la bouillabaisse en France ou encore le risotto en Italie. Le puissant pigment jaune orangé contenu dans le safran lui confère également un grand pouvoir

colorant très caractéristique et facilement reconnaissable. Il colore par exemple la tenue portée par les moines bouddhistes en Birmanie, ou encore donne la belle teinte dorée à de nombreuses liqueurs, telle la chartreuse.

# Le Tamarin

***Nom botanique :*** *Tamarindus indica*
*(famille des Césalpiniacées)*
***Noms communs :*** *Tamarind (anglais)*
*Tamarindo (espagnol)*

Le tamarinier est originaire d'Afrique tropicale. Il est intensivement cultivé en Asie et, depuis peu, en Amérique. Son nom générique latin *Tamarindus* se compose de *tamar*, datte, et *hindi*, indien : datte indienne en arabe. Le tamarinier est un très bel arbre au tronc volumineux. Les feuilles sont d'un beau vert tendre et ont la particularité de se refermer à la nuit tombante. Les fleurs sont de couleur jaune safran veinées de rouge orangé. L'enveloppe des gousses est dure, et renferme une pulpe brunâtre parcourue de filaments et enrobant des graines arrondies, plates, dures, de couleur brune. La pulpe des gousses cueillies avant maturité sert à confectionner un délicieux rougail à La Réunion. À maturité, la pulpe sucrée et acidulée est de saveur agréable. Des boissons, des sirops ou encore des pâtes de fruits peuvent être confectionnés.
En Thaïlande, les fruits entrent dans la confection de soupes piquantes et aigres. À la Jamaïque, ils sont incorporés dans le riz afin de lui donner une saveur acidulée. Enfin, en Orient, le tamarin sert à fabriquer des condiments comme la sauce Worcestershire. La pulpe est notamment riche en acides organiques, en calcium, en phosphore et en sucres (40 % pour les variétés les plus douces).

Photo : F. Le Bellec

# La Vanille

***Nom botanique :*** *Vanilla fragans*
*(famille des Orchidées)*
***Noms communs :*** *Vanilla (anglais)*
*Vainilla (espagnol)*
*Vanille (allemand)*

Parmi les très nombreuses espèces du genre *Vanilla*, seules *V. fragans*, *V. pompona* et *V. tahitensis* font l'objet d'une culture. Ces deux dernières sont respectivement exploitées en Guadeloupe et à Tahiti. *V. fragans* est de loin la plus répandue, et cultivée dans de nombreux pays : Madagascar, les Comores, La Réunion, Polynésie française, Tahiti, Indonésie, Malaisie, Tonga, Ouganda… L'Indonésie, Madagascar et les Comores sont les principaux producteurs, près de 1 500 tonnes de vanille y sont exportées. Les gousses de vanille ne fournissent qu'une faible proportion des arômes de vanille vendus sur le marché. L'extrait de vanille naturelle qui en est tiré est protégé contre la concurrence des produits synthétiques par les réglementations relatives à l'appellation « vanille naturelle ». Les principaux consommateurs de cette dernière sont les pays d'Amérique du Nord et d'Europe occidentale. La vanille est une orchidée épiphyte originaire de l'Amérique centrale. Elle se fixe aux arbres, qui lui servent de support, à l'aide de racines adventives. Le vanillier affectionne les climats chauds et humides, 2 à 3 mètres de pluies lui sont nécessaires par an. Il pousse mieux avec une lumière douce comme en sous-bois. Le feuillage du vanillier est persistant, ses feuilles sont charnues. Les fleurs, au nombre de 15 à 20 par inflorescence, s'ouvrent le matin et se referment l'après-midi à raison d'une ou deux par jour. Non fécondées, elles tomberont le lendemain.

En Amérique centrale et en Amérique du Sud, les fleurs du vanillier sont pollinisées par insectes (*Melipona* sp.) et par des colibris. Ces derniers recherchent le nectar sécrété à la base de la lèvre de la fleur, et véhiculent ainsi le pollen d'une fleur à l'autre. Dans les régions où le vanillier a été acclimaté, les pollinisateurs sont absents, on a donc recours à une pollinisation artificielle. Ce procédé de fécondation a été découvert en 1841 à La Réunion par un esclave du nom d'Edmon Albius. Aujourd'hui la technique est généralisée et de nombreux producteurs y ont recours. Seule une main expérimentée peut réaliser cette pollinisation, ce travail de précision est effectué le matin lorsque les fleurs viennent de s'ouvrir. Une main exercée, généralement de femme ou d'enfant, peut réaliser entre 2 000 et 3 000 pollinisations par jour. Les rendements sont en général très faibles, environ 500 g de vanille par pied. Un mois et demi après la fécondation de la fleur, la gousse de vanille atteint à peu près sa longueur définitive, alors que 8 à 9 mois seront nécessaires avant qu'elle arrive à sa complète maturité. Elle sera alors légèrement jaunâtre et complètement inodore mais prête à être « préparée ». La préparation de la vanille est constituée d'une série d'opérations. La première consiste à mortifier la vanille verte dans de l'eau à 60-70 °C. Le temps de cuisson est d'environ 2 minutes. Seconde étape, l'étuvage. Une fois égouttée, la vanille est mise dans un caisson capitonné de couvertures pour éviter les déperditions de chaleur, pendant 6 à 12 heures. Sous l'action de la température, les gousses changent de teinte et prennent une couleur noir chocolat. La vanille est alors prête au séchage, nouvelle étape réalisée en 2 phases. La vanille est tout d'abord séchée au soleil quotidiennement, 4 heures par jour et pendant 2 à 3 semaines : jusqu'à ce que les gousses soient sèches.

Un triage intervient alors pour séparer les vanilles en fonction de leur degré d'humidité. Cette opération faite, la deuxième phase de séchage peut commencer, le séchage à l'ombre. Les gousses sont alors entreposées et étalées sur des claies. Une fois sèches, les vanilles sont calibrées et mises en bottes.

Emballées dans du papier paraffiné, elles sont ensuite entreposées (2 à 3 mois) dans un caisson ou une boîte. Ces bottes sont contrôlées régulièrement jusqu'à la vente. La vanille n'acquiert son subtil et enivrant arôme qu'après toutes ces étapes ; près de 5 kg de vanilles fraîchement récoltées auront été nécessaires pour en obtenir un préparé. Ces opérations successives font de la vanille l'épice la plus difficile à préparer, et une des plus chères au monde. La saveur suave et sucrée de la vanille naturelle aromatisera crèmes glacées, rhums arrangés, flans, puddings, gâteaux et autres pâtisseries.

*La « vanille Bourbon » :*
*Réputée la meilleure au monde, la « vanille Bourbon » est ni plus ni moins que Vanilla fragans. Seuls trois pays de l'océan Indien peuvent bénéficier de cette appellation : Madagascar, les Comores et La Réunion. Dans les gousses de « vanille Bourbon », la teneur en vanilline est d'au moins 2 fois supérieure à celle contenue dans les vanilles produites dans d'autres pays du monde (Indonésie, Tongan…). Cette différence est appréciable quand on sait que la vanilline est le principe chimique essentiel de la vanille.*
*Cette qualité s'achète. À titre comparatif, 1 kg de « vanille Bourbon » produite à Madagascar se négocie sur le marché mondial à 72 $ US, alors qu'un kilogramme de vanille d'Indonésie se paye 30 $ US (Source FAO, 1993).*

Séchage de la vanille. Photo : F. Le Bellec

# Le Sucre

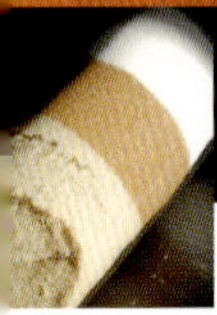

Le sucre n'est pas une épice, mais il est difficile de ne pas en parler. Avant lui, on se servait du miel pour adoucir les aliments. La canne à sucre originaire de Mélanésie fut d'abord appelée « roseau de miel », elle domine le marché français jusqu'à l'arrivée de la betterave à sucre sous Napoléon III.
Intervenant de plus en plus dans la cuisine (salée, sucrée) en tant que réhausseur de goût, il semble judicieux de présenter le sucre dans cet ouvrage.

# Les Mélanges épicés

# Mélange à base de piments

**Les sauces antillaises**
- sauces poissons aux piments
- sauces piments et poivres
- sauces piments très forts

- Piments confits dans du vinaigre

- Bonbons au piment à base de haricots, bananes, gingembre, oignons, épices et piments

- Autre mélange à base de piments

- Tabasco; piments rouges au vinaigre

# Le Curry

Vendu en poudre, le curry est venu des Indes. La poudre de curry est un mélange de piment, de moutarde en grain, de fenugrec, de curcuma et de feuilles de curry fraîches. Il existe aussi une multitude de compositions à base de coriandre, cumin, gingembre, poivre, etc.

# Le Colombo

Le colombo, surtout connu aux Antilles françaises, est un mélange proche du curry, à base d'ails, de piments, de curcuma, de coriandre et de moutarde en grains, le tout moulu.

# Le Quatre-épices

Mélange européen à base de noix de muscade râpée, de graines de poivre noir, de clous de girofle et de gingembre, le tout moulu et pilé, le quatre-épices aromatise charcuterie et plats mijotés.

# Le Massalé

Lui aussi est un mélange d'épices venu de l'Inde à base de cannelle, laurier, cumin, coriandre, cardamome, poivre, girofle, muscade, le tout moulu. Mais une multitude de combinaisons existe ; à La Réunion on y fait le cabri massalé un plat succulent.

# Quelques mélanges indiens

*Garam masala*

*Halai powder*

*Curry powder mild*

*Beef seasoning*

*Dhana powder*

*Tandori nasala*

# Les Recettes épicées

# Épinards Épicés

450 g d'épinards surgelés
2 oignons moyens émincés
2 tomates moyennes pelées, épépinées et coupées en morceaux
2 gousses d'ail râpées
1 cuillerée à soupe de gingembre frais râpé
1 cuillerée à soupe de graines de coriandre grillées, séchées et moulues
1 cuillerée à soupe de cumin grillé à sec et moulu
1/2 cuillerée à café de curcuma
1/3 cuillerée à café de piment moulu
3 cuillerées à soupe de yaourt nature
Sel, huile

---

■ Faire chauffer 4 cuillerées à soupe d'huile dans un faitout antiadhésif et y faire fondre les oignons.

■ Ajouter l'ail, le gingembre et les tomates. Bien mélanger et laisser cuire jusqu'à ce que les tomates soient fondues.

■ Ajouter curcuma, coriandre, cumin et piment moulu. Bien incorporer dans la sauce et laisser cuire sur feu doux 2 minutes.

■ Verser les épinards, bien mélanger, couvrir le faitout et laisser cuire 10 minutes en mélangeant de temps en temps.

■ Saler, ajouter le yaourt, l'incorporer dans le mélange et laisser cuire encore 5 minutes.

# Alu Dam

8 pommes de terre moyennes coupées en quatre
2 tomates moyennes pelées, épépinées et coupées en morceaux
1 cuillerée à soupe de gingembre frais râpé
1/2 cuillerée à café de curcuma
1/3 cuillerée à café de piment moulu
1 cuillerée à soupe de cumin en grains
2 cuillerées à soupe de coriandre fraîche hachée
1 cuillerée à café de *garam massala*
Sel, huile

---

■ Faire chauffer 4 cuillerées à soupe d'huile dans une sauteuse et y faire dorer les pommes de terre. Réserver.

■ Rajouter 1 cuillerée à soupe d'huile dans la sauteuse, faire chauffer et verser le cumin en grains. Dès que le cumin grésille, verser les tomates et le gingembre râpé. Baisser le feu et laisser cuire jusqu'à ce que les tomates soient fondues.

■ Ajouter le curcuma et le piment, bien mélanger avec la sauce et ajouter les pommes de terre. Mélanger le tout.

■ Couvrir la sauteuse et laisser cuire sur feu doux 5 minutes.

■ Ajouter la coriandre fraîche hachée, le *garam massala* et saler. Mélanger de nouveau, couvrir la sauteuse et laisser cuire 4 minutes.

# Poisson pané

## parfumé au gingembre et oignon

4 filets de poisson à chair ferme
1 cuillerée à soupe de vinaigre
1 petit oignon râpé
1 cuillerée à soupe de gingembre frais râpé
1 œuf
100 g de chapelure
Sel, poivre, huile

---

■ Mettre le poisson dans un récipient en verre, ajouter le vinaigre, l'oignon et le gingembre râpé, bien enduire le poisson avec le mélange et laisser reposer une heure au frais.

■ Battre l'œuf dans une assiette creuse, verser la chapelure dans une autre assiette.

■ Sortir les filets de poisson de la marinade, les saler et poivrer.

■ Faire chauffer 6 cuillerées à soupe d'huile dans une poêle antiadhésive.

■ Passer chaque filet dans l'œuf battu puis dans la chapelure et les faire frire dans l'huile chaude.

# Œufs brouillés épicés

6 œufs
1 tomate moyenne coupée en dés
3 échalotes émincées
1 cuillerée à café de gingembre frais râpé
1 cuillerée à café de *garam massala*
3 cuillerées à soupe d'huile
1 cuillerée à café de coriandre fraîche
Sel

---

■ Battre les œufs. Faire chauffer l'huile dans une poêle anti-adhésive et y faire revenir les échalotes 1 minute.

■ Ajouter la tomate et le gingembre frais râpé.

■ Mélanger et laisser cuire 2 à 3 minutes.

■ Ajouter les œufs battus et tourner le mélange comme pour faire des œufs brouillés.

■ Saler, ajouter la coriandre fraîche et le *garam massala*.

# Pois chiches épicés et citronnés

1 boîte de pois chiches de 800 g égouttés
2 gros oignons émincés
2 belles tomates pelées,
épépinées et coupées en morceaux
1 gousse d'ail râpée
1 cuillerée à soupe de gingembre frais râpé
1 cuillerée à coupe de cumin en grains
1/2 cuillerée à café de curcuma
1/3 cuillerée à café de piment moulu
3 cuillerées à soupe de coriandre fraîche hachée
3 cuillerées à soupe de jus de citron
Sel, huile

---

■ Faire chauffer 4 cuillerées à soupe d'huile dans un faitout antiadhésif, verser le cumin.

■ Dès que le cumin grésille, ajouter les oignons et les faire dorer.

■ Ajouter tomate, gingembre, ail, curcuma et piment.

■ Bien mélanger le tout et laisser cuire sur feu doux jusqu'à ce que les tomates soient fondues.

■ Verser les pois chiches, saler, bien mélanger, couvrir la sauteuse et laisser cuire 5 minutes.

■ Ajouter le jus de citron et la coriandre fraîche hachée.

■ Mélanger et laisser cuire encore 2 minutes.

# Pommes de terre

## et chou-fleur sautés au cumin

4 pommes de terre moyennes coupées en dés
400 g de têtes de chou-fleur
1 cuillerée à soupe de cumin en grains
Sel, huile

---

■ Faire chauffer 4 cuillerées à soupe d'huile dans une sauteuse antiadhésive et y faire dorer les têtes de chou-fleur. Réserver.

■ Rajouter un peu d'huile si nécessaire dans la poêle et ajouter les grains de cumin. Dès que le cumin commence à grésiller, ajouter les pommes de terre.

■ Bien mélanger et faire dorer les pommes de terre.

■ Quand les pommes de terre sont presque cuites, ajouter les têtes de chou-fleur, saler et bien mélanger le tout.

■ Couvrir la sauteuse, baisser le feu et laisser cuire 3 à 4 minutes.

# Colombo de poulet

1 poulet
1 cuillerée à soupe de vinaigre
1 oignon
3 gousses d'ail
1 carotte
1 verre de vin blanc
1 verre d'eau
1 bouquet garni
1 cuillerée à soupe de poudre de colombo
1 piment entier
1 bouillon de poule
Huile, sel, poivre

---

■ Vider et couper le poulet.

■ Le faire macérer dans un mélange de sel, de poivre et de vinaigre.

■ Faire chauffer de l'huile, y faire dorer les morceaux de volaille.

■ Ajouter l'oignon émincé, l'ail écrasé et la carotte coupée en rondelles.

■ Arroser avec le vin blanc et 1 verre d'eau.

■ Ajouter la poudre de colombo, le bouquet garni, le piment entier et le bouillon de poule.

■ Laisser mijoter 30 minutes à feu doux.

# Riz Pilau aux épices entières

300 g de riz basmati
1 gros oignon émincé
6 cardamomes
2 clous de girofle
2 morceaux de cannelle d'environ 2 cm chacun
30 cl d'eau
Huile, sel

---

■ Bien laver le riz à l'eau courante froide et laisser tremper 30 minutes.

■ Faire chauffer le four à thermostat 100 °C.

■ Égoutter le riz.

■ Faire chauffer 4 cuillerées à soupe d'huile dans un grand faitout allant au four, y faire dorer l'oignon émincé. Sortir les oignons et réserver.

■ Dans la même huile, ajouter les cardamomes, les clous de girofle et la cannelle, tourner 1 ou 2 fois et ajouter le riz. Bien mélanger avec l'huile en tournant et en mélangeant 2 ou 3 minutes.

■ Ajouter 30 cl d'eau chaude, couvrir le faitout et laisser cuire jusqu'à ce que l'eau soit presque absorbée.

■ Saler et mélanger délicatement 1 ou 2 fois. Mettre le faitout couvert dans le four chaud. Laisser ainsi 30 minutes.

■ Au moment de servir, tourner délicatement le riz 1 ou 2 fois.

■ Verser dans le plat de service et garnir avec les oignons dorés.

# Blaff de poissons

1 kg de poissons
Marinade : jus de 2 citrons, sel, ail et piment hachés
1 oignon
2 gousses d'ail
1 piment
1 clou de girofle
3 graines de bois d'Inde
Thym, persil, cives (oignons verts)
1 citron

---

- Nettoyer et couper les poissons en tranches.

- Les faire tremper 1 heure dans la marinade.

- Porter à ébullition 1 litre d'eau contenant l'oignon émincé, l'ail écrasé, le persil, le thym, les cives, le piment, le clou de girofle et le bois d'Inde.

- Laisser bouillir 15 minutes.

- Ajouter le poisson et laisser cuire 10 minutes.

- En fin de cuisson, verser le jus du citron.

- Servir avec des bananes mûres.

# Gâteaux piments ou Bonbons piments

300 g de dholls (lentilles jaunes)
3 échalotes
1 gousse d'ail
10 petits piments verts
1 cuillerée à soupe de coriandre
1 cuillerée à café de cumin en poudre
Huile de friture

---

- Laver les dholls et les faire tremper 5 heures dans de l'eau froide.
- Les égoutter et les passer au mixer.
- Piler l'ail. Hacher les échalotes et la coriandre. Couper les piments en fines rondelles.
- Mélanger le tout à la pâte de dholls. Ajouter le cumin et saler.
- Former des boulettes de 2 cm de diamètre ou les aplatir en creusant un trou au centre.
- Chauffer l'huile dans une poêle et y faire dorer les gâteaux.
- Égoutter et servir chaud.

# Principaux pays producteurs

L'ANIS : France - Allemagne - Inde - Chine - CEI - ex-Yougoslavie - Turquie - Tanzanie - Espagne - Mexique
L'ANIS ÉTOILÉE : Chine - Vietnam
LA BAIE ROSE : La Réunion
LES CANNELLES : Sri Lanka - Seychelles - Indonésie - Madagascar - Chine - Taïwan - Vietnam - Tanzanie - Kenya
LA CARDAMOME : Inde - Sri Lanka - Thaïlande - Malaisie - Cambodge - Tanzanie - Costa Rica - Salvador - Guatemala - Vietnam
LE CLOU DE GIROFLE : Malaisie - Indonésie - Madagascar - Mozambique - Tanzanie
LE COMBAVA : Inde - La Réunion
LA CORIANDRE : Inde - CEI - Roumanie - ex-Yougoslavie - Pologne - Tchécoslovaquie - Maroc - Algérie - Nigéria
LE CUMIN : Inde - Indonésie - Chine
LE CURCUMA : Inde - Indonésie - Bangladesh - Sri Lanka - Chine - Haïti - Pérou
LE FENOUIL : Inde - Chine - Italie - Allemagne - Roumanie - ex-Yougoslavie - Argentine
LE FENUGREC : Inde - Liban - France - Éthiopie - Maroc - Argentine - Tunisie
LE GINGEMBRE : Inde - Australie - Thaïlande - Chine - Taïwan - Hong-Kong - Nigéria - Sierra Léone - Jamaïque - Haïti
LE LAURIER : Italie - Espagne - Portugal - Liban - Grèce - ex-Yougoslavie - USA
LES MOUTARDES : CEI - Italie - Allemagne - Éthiopie - Grande Bretagne - Danemark - Hollande - Canada - Chili
LA NOIX DE MUSCADE : Indonésie - Grenade - Antilles - Sri Lanka - Trinidad
LE PAPRIKA : Roumanie - Hongrie - CEI - Espagne - Portugal - Maroc - Seychelles - ex-Yougoslavie - Tchécoslovaquie - Hongrie - USA - Mexique - Chili
LES PIMENTS : Inde - Mexique - Chine - Japon - Indonésie - Thaïlande
LE POIVRE : Inde - Indonésie - Sri Lanka - Cambodge - Malaisie - Madagascar - Côte d'Ivoire - USA - Brésil
LE POIVRE DE LA JAMAÏQUE : Jamaïque - Mexique - Haïti - Guatemala
LE SAFRAN : Espagne - Grèce - France - Cachemire - Turquie - Maroc - Iran
LE TAMARIN : Inde
LA VANILLE : Madagascar - Indonésie - La Réunion - Ouganda - Tonga - Comores - Seychelles - Mozambique - Polynésie française - Mexique

# Principales références bibliographiques

*La vanille et le clou de girofle*, Saint-Pol-Lias, sans date, Journal des Voyages.

*Origine des plantes cultivées*, A. de Candolle, 1883, éditions Jeanne Lafitte.

*Mémento de l' agronome*, ministère de la Coopération, 1974.

*Les arbres*, P. Lanzara et M. Pizzeti, 1977, Nathan.

*À la découverte de La Réunion*, T. Cadet, 1980, Favory.

*Fleurs de Bourbon*, R. Lavergne, 1982 Imprimerie Cazal.

*Les plantes à épices*, A. Pouvreau, in P. Pesson et J. Louvcaux, *Pollinisation et productions végétales*, 1984, INRA.

*Flore des Mascareignes*, J. Bosser et al., 1984, ORSTOM.

*Les épices, leur emploi dans la cuisine d'aujourd'hui*, J. Norman, 1991, Hatier.

*Les épices*, J.-O. Swahn, 1993, Gründ.

*Une stratégie de prix pour les exportations de Vanille de Madagascar*, U.S. Agency for international development, 1994.

*Les fruits et légumes du monde*, M. Viard, 1995, Hatier.

*Enquête chez les producteurs de vanille*, Madagascar, F. Le Bellec et al., 1996, CIRAD - FLHO.

**Crédits photos :**
Collection Orphie,
Roland Benard,
Gilles Nourault,
Fotolia.
Photo de première de couverture : R. Benard

Texte de Fabrice Le Bellec


ISBN 978-2-87763-962-0
Achevé d'imprimer en CEE : 1er trimestre 2015
Dépôt légal : 1er trimestre 2015
www.editions-orphie.com
ORPHIE